AF248120

EDIFICES RELIGIEUX

—ÉRIGÉS DANS LA—

Province de Quebec

SOUS LA

DOMINATION FRANCAISE

PAR

HORACE TÊTU

QUEBEC
1903.

EDIFICES RELIGIEUX

Province de Quebec

SOUS LA

DOMINATION FRANÇAISE

—

PAR

HORACE TÊTU.

—

QUEBEC
1903.

EDIFICES RELIGIEUX

ÉRIGÉS DANS LA

Province de Quebec

SOUS LA

DOMINATION FRANÇAISE

———

La nef de la Basilique de Notre-Dame de Québec, a été construite en l'année 1647, et les chapelles latérales en l'année 1745. La façade qui était originairement en pierre recouverte de mortier a été refaite en pierre de taille en 1847. Le toit de cette église ayant été détruit pendant le siège de Québec, en 1759, n'a été reconstruit qu'en 1767.

En attendant le rétablissement de la cathédrale, la chapelle du Séminaire devînt paroisse.

Le premier octobre 1874, à l'occasion du deux-centième anniversaire de l'érection du diocèse de Québec par le Pape Clément X, en 1674, le Pape Pie IX, de glorieuse mémoire, éleva la cathédrale de Québec au rang de Basilique mineure.

Le chœur de la Basilique de Québec, avec son magnifique baldaquin, fait l'admiration de tous les étrangers.

La chapelle du Sacré-Cœur de

Jésus a été érigée en 1887, grâce à la générosité des paroissiens de la Basilique de Québec.

La Basilique possède un original de Van Dick, *Le Christ*, qui jette dans l'admiration tous ceux qui le voient.

La Basilique renferme les restes mortels de personnages distingués, comme le premier cardinal canadien-français, Mgr Elzéar Alexandre Taschereau, décédé le douze avril 1898. Son chapeau cardinalice est suspendu à la voûte de la Basilique.

Plusieurs évêques de Québec sont inhumés dans le chœur de la Basilique, comme Mgr. Frs. Louis Pourroy De Lauberivière, mort le vingt août 1740 ; Mgr Jean Olivier Briand, mort le vingt-cinq juin 1794 ; Mgr Jean Frs. Hubert, mort le dix-sept octobre 1797 ; Mgr Joseph Octave Plessis, décédé le quatre décembre 1825 ; Mgr Bernard Claude Panet, mort le quatorze février 1833 ; Mgr Jos. Signay, mort le trois octobre 1850 ; Mgr Pierre Flavien Turgeon, mort le vingt-cinq août 1867 ; enfin Mgr Chs. François Baillargeon, décédé le treize octobre 1870.

Les curés de Québec inhumés dans la Basilique sont les suivants : Henri de Bernières, le trois décembre 1700; Pierre Pocquet, dix-sept avril 1711; L. Ango Des Maizerets, le deux avril 1721 ; Thomas Thiboult, le treize avril 1724; Etienne Boullard,

le vingt neuf septembre 1733;
Charles Plante, vingt et un mars 1744;
B. S. Dosque, le trente et un janvier
1774; Augustin David Hubert,(*) in-
humé le sept juin 1792; Joseph
Auclair, le deux décembre 1887.

"Élégie du naufrage de M. Hubert, curé de Québec, sur la conso-
lation que les paroissiens ont eu de
retrouver son corps, et de l'inhumer
dans l'endroit où il l'avait lui-même
désigné.

I

L'eau perd sur moi son empire
Consolez-vous, mon troupeau,
Dieu seul pour qui tout respire,
Veut me rendre à mon hameau

(*)S'est noyé accidentellement, sur le fleuve,
entre Québec et Lévis, le vingt et un mai 1792.
Une épitaphe en bois, placée près de la porte de

Mon corps livide et sans vie,
N'a tend que votre secours,
Secourez-le pour la patrie
Dont il a reçu le jour.

II

Etendu sur le rivage
Jouet des flots et du vent ;
Le sable est mon appanage
Et mon triste monument ;
L'eau qui m'a ravi la vie,
Pourra vous ravir mon corps,
Et ranimant sa furie
Le porter sur d'autres bords.

III

J'ai vu votre vigilance,
J'ai vu ruisseler vos pleurs,
J'ai vu votre complaisance,
J'ai vu suer vos ameurs.
Mon corps est le seul partage

---

la sacristie de la chapelle Ste-Famille indique
l'endroit où repose le corps de ce vénéré pasteur.
On composa, dans le temps, en mémoire du regretté défunt, une Elégie que je reproduis ci-
après :

Qu'exige votre douleur,
Recevez-le donc en gage
De l'ami de votre cœur !

IV

Placez-le devant la porte,
Où vous passez plus souvent
Afin que ma langue morte
Semble dire à chaque instant :
Ici notre Hubert repose,
Il était notre pasteur,
Priez pour lui, c'est la chose
Qu'il attend de votre cœur.

V

'Ciel cessez votre vengeance
Conservez mon cher troupeau,
Veillez sur son innocence,
Jusqu'au séjour du tombeau,
Mettez en oubli son crime
Et daignez le conserver,
Recevez moi pour victime
'C'est sur moi qu'il faut frapper.

VI

Votre vengeance est contente,
Il a perdu son pasteur,
Dans sa douleur indigente,
Soyez son consolateur,
Donnez-lui pour nouveau père,
Un modèle de candeur,
Un soutien de sa misère,
PLESSIS pour nouveau pasteur.

VII

Le troupeau

Jour de joie mêlé de larmes,
Jour mille fois désiré,
Jour qui finit nos alarmes,
Jour à nos vœux accordé
Que tu nous causes de peines,
Que tu fais couler de pleurs,
Notre perte est trop certaine
Ciel soulage nos douleurs.

VIII

A Amour de la vraie sagesse,
U Unisson de la vertu,
G Génie grand, doux, sans faiblesse,
U Universellement plu
S Source de miséricorde,
T Tuteur du pauvre orphelin
I Image de la concorde
N Noble et grand dans son maintien.

IX

D Détaché des biens du monde
A Avide des biens du ciel
V Vivant des biens du monde
I Image de l'Eternel
D Délices de sa patrie

X

H Humain, doux, compatissant
U Uniforme dans sa vie
B Bien aimé du Tout-Puissant.
E Ennemi de la vengeance,
R Refuge de l'affligé
T Tendre, bon, plein de clémence
Enfin de tous regretté;

Voilà l'image vivante
Du pasteur que nous perdons.
Que notre perte est touchante,
Grand Dieu nous la méritons.

XI

Patrie céleste et chérie,
Séjour seul des bienheureux
Mon âme est plus que ravie
D'être embrâsé de tes feux :
Je tressaille d'allégresse
Et goûte tous les plaisirs
Mon Dieu m'est présent sans cesse
Et fixe tous mes soupirs.

XII

Pécheurs frémissez de crainte,
Et tremblez à tout moment,
Changez vos plaisirs en plainte,
Fléchissez le Tout-Puissant.
Le ciel est votre héritage,
Mais vous en serez privé
Si vous prenez pour partage
La voie de l'iniquité."

Parmi ceux qui reposent sous la voûte de la Basilique, je dois aussi mentionner l'abbé J. B. Ant. Ferland, mort en janvier 1865, et auteur d'un *Cours d'Histoire du Canada* en deux vols, de *Notes sur les régistres de Notre-Dame de Québec*, et d'*Observations sur un ouvrage intitulé " Histoire du Canada" par l'abbé Brasseur de Bourbourg*.

La chapelle St-Joseph contient les restes mortels du Père Félix Bérey, dernier supérieur des Récollets en Canada, mort à Québec le dix-huit mai 1800 ; du dernier Père Jésuite vivant sous la domination Française, le Père Jean Joseph Cazot, mort à Québec, au collège des Jésuites, le seize mars 1800, à l'âge de soixante et onze ans.

Quatre gouverneurs français de la Nouvelle-France reposent dans la chapelle de Notre-Dame de Pitié à la Basilique, depuis l'incendie de l'église des Récollets le six septembre 1796. Ce sont, Louis de Buade, comte de Frontenac, mort à Québec le vingt huit novembre 1698; Hector de Callières, chevalier de St-Louis, décédé le vingt-six mai 1703; Philippe Rigaud, Marquis de Vaudreuil, Grand'Croix de l'Ordre militaire de St. Louis, décédé le dix octobre 1725; Jacques Pierre de Taffanel, marquis de la Jonquière, commandeur de l'Ordre royal et militaire de St. Louis, chef d'Escadre des armées navales, décédé à Québec le dix-sept mai 1752.

***

L'église de Notre-Dame des Anges a été construite par les Pères Récollets en 1671, et se trouve maintenant englobée dans l'Hôpital-Général de Québec.

***

L'église actuelle de l'Ange Gardien, diocèse de Québec a été construite dans l'année 1676.

Le curé de l'endroit, l'abbé Réné Casgrain, est présentement occupé à écrire l'histoire de cette ancienne paroisse.

***

L'église de Notre-Dame des Victoires, Basse-Ville, Québec, porte sur sa façade le millésime de 1688.

La pose de la première pierre a été faite, le premier mai 1688, par le marquis de Denonville, alors gouverneur général de la Nouvelle-France. Le comble de cette église ayant été détruit pendant le siège de Québec, en 1759, n'a été reconstruit qu'en 1765.

A l'occasion du deux-centième anniversaire de la fondation de l'église de Notre-Dame des Victoires, tout l'intérieur a été peint à fresque, et à la fin de l'année 1902 tous les bancs ont été renouvelés en frêne.

****

L'église du Cap de la Madeleine, diocèse des Trois-Rivières, porte sur son frontispice le millésime de

1694. Une medaille en cuivre représentant la façade de l'église du Cap de la Madeleine existe et se trouve facilement.

Cet antique Sanctuaire est un lieu de pélerinage pour les personnes pieuses.

**

*****

L'ancienne église des Récollets, aux Trois-Rivières, (maintenant affectée au culte protestant,) a été construite en 1698. C'est dans cette église que repose le corps du Frère Didace Pelletier, Récollet canadien-français, mort en odeur de sainteté en 1699. Il était natif de Ste. Anne de Beaupré.

L'église de Notre-Dame du Bon-Secours, dans la ville de Montréal, porte sur sa façade le millésime de 1722.

***

La chapelle des sauvages Hurons de St-Ambroise de la Jeune Lorette, diocèse de Québec, a été construite en 1730.

***

L'église de Beaumont, diocèse de Québec, porte sur sa façade le millésime de 1733. Ce fut sur la porte de cette église qu'en l'année 1759, le général anglais Wolfe fit placarder, pour la première fois, une proclamation adressée aux Canadiens Français.

L'ancien presbytère a été construit dans l'année 1722.

***

L'église de St-François, Ile d'Orléans, diocèse de Québec, a été construite dans l'année 1736.

***

L'église de Ste. Famille, Ile d'Orléans, diocèse de Québec, porte sur sa façade le millésime de 1745.

***

La chapelle primitive de Tadoussac, diocèse de Chicoutimi, a été construite en 1747, comme en fait foi une plaque en plomb trouvée il y a plusieurs années et portant l'inscription suivante :

" L'an 1747, le seize mai, M. Cugnet, fermier des postes ; H. Doré, commis ; Michel Lavoye, construisant l'église, le Père Coquart m'a placé, (J. H. S.)"

Le solage de l'église est en pierre et le reste en bois. Cette chapelle a servi pour les fins du culte jusqu'en 1885 inclusivement.

On célèbre encore aujourd'hui, dans cette antique chapelle, le vingt-six juillet, la fête de la Bonne sainte Anne, l'illustre patronne des Canadiens, et en particulier de la province de Québec.

****

L'église du Cap-Santé, diocèse de Québec, porte sur sa façade le millésime de 1755.

Le dix-sept juillet 1772, Mgr. Briand, évêque de Québec, accorda à la paroisse du Cap-Santé, sur la demande qui lui en avait été faite par Mr. le Curé, conjointement avec la totalité des habitants de la paroisse d'avoir Ste. Anne pour seconde patronne et titulaire de l'église. Il permit et ordonna en même temps conformément au désir exprimé dans la requête présentée à Sa Grandeur que la fête de Ste. Anne fut chômée à perpétuité, à son propre jour, c'est-à-dire le vingt six juillet de chaque année. A la date du quatre mars 1804, la paroisse du

Cap-Santé obtenait l'indulgence plé-
nière qui se gagne le jour de la fête
de Ste. Anne. Cette indulgence
est accordée pour tous les jours de
l'Octave de cette fête.

———

Ces vieilles églises mentionnées
plus haut devraient être chères aux
Canadiens-français, parce que leur
construction remonte à une époque
où le Canada était plus connu sous
le nom de la *Nouvelle France.*

HORACE TÊTU.